Ansiedad En

Las Relaciones

La guía definitiva para principiantes

sobre la ansiedad en las relaciones

Por *Logan Thomas*

EFFINGO
Publishing

Para más libros, visite:

EffingoPublishing.com

Descargar otro libro gratis

Queremos agradecerle por comprar este libro y ofrecerle otro (tan largo y valioso como este), "*Errores de salud y de acondicionamiento físico que no sabe que está cometiendo*", completamente gratis.

Visite el siguiente enlace para inscribirse y recibirlo:

www.effingopublishing.com/gift

En este libro, analizaremos los errores más comunes de salud y acondicionamiento físico, que usted probablemente está cometiendo en este momento, y le revelaremos cómo puede ponerse fácilmente en la mejor forma de su vida.

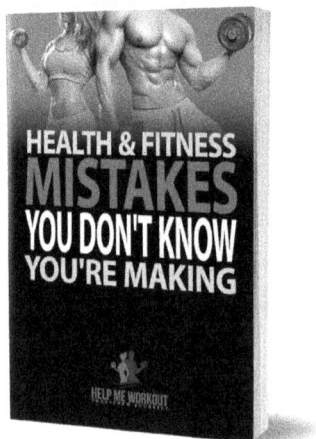

Además de este valioso regalo, usted también tendrá la oportunidad de recibir nuestros nuevos libros gratis, participar en sorteos y recibir otros valiosos correos electrónicos de nuestra parte. De nuevo, visite el enlace para registrarse:

 www.effingopublishing.com/gift

ÍNDICE

Introducción

Estar involucrado con alguien que tiene inquietud o un problema de tensión puede ser muy angustiante. La agitación del individuo puede sentirse como un individuo adicional en la relación. Una sustancia irritante que empujó entre usted y su cómplice. La tensión siempre parece empujar la incertidumbre y el desorden en la relación. Nadie está preparado para esto en una relación; sin embargo, no puede elegir a quien amas, y no hay clases a las que pueda asistir, lo más probable es que se prepare para adorar a alguien con un problema de salud psicológica.

Sin embargo, esa tensión no necesita borrar o poner peso en una relación. Cuando un individuo aprende a comprender la ansiedad y cómo puede influir en la pareja y en la relación en general, la relación puede recuperarse, lo que permite que los dos se interrelacionen más profundamente a nivel emocional.

Este libro es una guía informativa sobre lo que un individuo debe saber si sufre de ansiedad o está en una relación con alguien que tiene un problema de ansiedad. Le guiará a través del procedimiento de cómo sacar al otro individuo de su relación.

Antes de investigar las complejidades de la ansiedad en una relación, es esencial saber qué es la ansiedad. La ansiedad se puede caracterizar como;

La reacción natural de transformación que tienen todas las criaturas. Fundamentalmente esto significaba en los días anteriores al progreso actual; estas eran reacciones orgánicas esenciales que permitían a los individuos evitar circunstancias peligrosas o salvajes. La reacción de peligro desencadenó una descarga de adrenalina, provocando una respuesta hormonal y una confusión mental para revitalizar la respuesta de lucha o huida. Esto prepara al cuerpo para enfrentar una circunstancia o escapar al bienestar físico. En una sociedad avanzada, estas reacciones se desencadenan ahora por las presiones del trabajo, la falta de dinero, la preocupación por el bienestar y otros que constantemente ven peligros para nuestra prosperidad. Normalmente se representa como un sentimiento de nerviosismo, mariposa o inseguridad y es sólo una apariencia de nuestra reacción única de lucha o huida.

Los problemas de malestar, aunque todavía forman parte de la capacidad promedio de los órganos, ocurren cuando hay una respuesta desequilibrada a los impulsos desagradables. Estas respuestas desequilibradas provocan una reacción física que dura más tiempo que un período ordinario e incorporan un alto estrés circulatorio, sudoración, temblores, mareos y la necesidad de limitarse. Más allá de este presente, la persona que sufre un problema de estrés puede mostrar intuitivamente pensamientos y situaciones que desencadenan más reacciones de lucha o huida. Estas reacciones a menudo hacen que la persona que sufre de nerviosismo no esté preparada para el trabajo diario, ya que se invierten sin cesar a través de todo el estrés.

Descubrir que su pareja está estresada puede suceder cuando él o ella se lo hace saber o cuando usted se entera a través de su comportamiento. Nunca es fácil admitir que alguien tiene un problema psicológico, por lo que hablar de la ansiedad de su pareja debe hacerse con sensibilidad. Ya sea que usted le esté diciendo a su pareja que está experimentando los efectos negativos del estrés, o que esté obteniendo información sobre su nerviosismo, la manera en que se aborda el tema puede representar el momento de la verdad en una relación. A continuación se presentan algunas cosas que hay que tener en cuenta cuando se habla de la ansiedad en una relación;

-• La ansiedad no puede ser disminuida; es un problema real y no es algo que los individuos compensen por su consideración. El malestar es un problema de bienestar psicológico.

-- La ansiedad es una reacción humana ordinaria, y todo el mundo la tiene de vez en cuando. La ansiedad se convierte posiblemente en un problema o confusión cuando existe la posibilidad de que se vuelva severa y duradera.

-- La ansiedad puede ser dañina para un individuo y puede impedir que los individuos salten a través de los movimientos de la vida diaria o, en cualquier caso, que trabajen con precisión.

-- La ansiedad puede hacer que las personas experimenten su reacción diaria de batalla o huida a cosas que no son peligrosas. Esto puede incorporar un estrés irrazonable acerca de si su pareja le está engañando o está haciendo arreglos para dejarle.

-• La ansiedad no se puede arreglar ni aliviar.

-- Las personas que sufren los efectos dañinos del nerviosismo no lo necesitan. Por lo general, se presentan como una carga para quienes los rodean o para sus seres queridos.

-- En todo el mundo, un gran número de personas experimentan los efectos dañinos del nerviosismo. A pesar de ello, tienen conexiones optimistas y resonantes que florecen.

-• La ansiedad puede manifestarse en ondas confiables o esporádicas. Aquellos que tienen problemas con el nerviosismo han sido calmados por sus efectos secundarios, donde el malestar no es influenciado por ninguna parte de la imaginación.

- La lógica y la perspicacia no son realistas cuando se experimenta el estrés. Los individuos que se estresan por cosas no probadas. Esto implica que la presión les hará pensar de manera irracional y sin fundamento. La mayoría de las veces, su pareja piensa en las consideraciones de la persona enferma.

-• No es débil ante la posibilidad de experimentar los efectos negativos del estrés.

-- La ansiedad puede ser tratada. Con el tratamiento y en casa, el estrés de la práctica puede ser aliviado a medida que la persona que sufre la incomodidad se da cuenta de cómo hacer el ajuste y se ajusta a sus efectos secundarios.

- Si experimenta los efectos negativos de la inquietud, es probable que invierta una gran cantidad de energía en situaciones estresantes y de lluvia de ideas en las que las cosas van mal o terminan al revés. Los individuos con estrés a menudo rompen conexiones. Hacen preguntas que deben ser respondidas con respuestas negativas que confirmen sus consideraciones.

Estas investigaciones en algunos casos se asemejan a esto;

-• ¿Qué pasa si no me aprecia tanto como yo lo amo a él?

-• ¿Por qué me está engañando?

-• ¿Por qué me está ocultando algo?

-• ¿Y si necesita amenazarme?

-• ¿Qué pasa si él/ella ama más a otra persona?

-• ¿Qué pasa si nos separamos?

-• ¿Y si no soy feliz aún?

Aunque es típico que las personas tengan este tipo de pensamientos y preguntas de vez en cuando, la ansiedad los amplifica. Las personas con problemas de ansiedad consideran estas preguntas con frecuencia e intensidad. Las personas nerviosas se imaginan el peor de los casos, dejando que su cerebro se haga cargo de su forma equilibrada de pensar. Los pensamientos de ansiedad pueden causar efectos secundarios fisiológicos en el cuerpo. Estos efectos secundarios incluyen ;

-• Insomnio

-• Ataques de ansiedad

-• Respuestas de lucha

El nerviosismo no sólo influye en el individuo que lo siente. Puede causar ansiedad en su pareja y puede devastar una relación. Un primer caso es el de las personas ansiosas que tratan de probar el nivel de compromiso de su pareja utilizando estrategias peligrosas. En esta situación, la persona que sufre de ansiedad piensa que es la persona que siempre inicia la comunicación. La persona ansiosa empieza a señalar que su pareja ya no le prefiere como antes, porque no es la primera en comunicarse con tanta regularidad como la persona que sufre de ansiedad. La tensión se desarrolla entonces y el ansioso comienza a aceptar que su pareja nunca interactuará con él si no envía un mensaje de texto primero. Al tratar de reparar su nerviosismo, el individuo elige ignorar a su pareja por un corto período de tiempo. Esto permite que su pareja sea la primera en comunicarse hasta que el paciente comienza a sentirse mucho mejor, dándose cuenta de que su pareja está tratando de hablar. Estos hechos muestran que su ansiedad ha sido irracional desde que su pareja inició el contacto. El hecho es que esta no es una excelente manera de lidiar con la ansiedad.

Desafortunadamente, el comportamiento de ansiedad puede manifestarse de muchas maneras diferentes en una relación. Prácticamente todas ellas son indeseables.

Estas prácticas pueden ser;

- • Estar furioso, malhumorado

- • Ser controlador

- • Estar desviado y tener dificultades para centrarse

- • Conducta contundente evasiva o inactiva

- • Perfeccionismo

El estrés, si no se controla, también puede afectar su bienestar físico. Además de las reacciones físicas ordinarias relacionadas con el estrés, el progreso y el malestar extremos pueden causar;

- • Problemas digestivos y problemas interminables

- Elevada tensión circulatoria

- Desgracia de la memoria a corto plazo

- Enfermedad de las venas coronarias

- Ataques al corazón y apoplejía

Estos problemas físicos pueden ser devastadores si la ansiedad no se controla adecuadamente. Lidiar con las limitaciones de una relación requiere paciencia. Esto conduce principalmente a la ansiedad. Como alguien que acaba de estar en una relación, usted tiene que respetar el hecho de que las cosas nunca son unilaterales.

Los capítulos a continuación le ayudarán, como persona nerviosa, a manejar su ansiedad de manera productiva.

Además, antes de comenzar, le recomiendo que se inscriba en nuestro boletín electrónico para recibir actualizaciones sobre nuevos lanzamientos o próximas promociones. Puede inscribirse gratis y como bono, recibirá un regalo. Nuestro libro *"Errores de salud y de acondicionamiento físico que no sabe que está cometiendo"*, Este libro fue escrito para desmitificar, resumir lo que se debe y no se debe hacer y finalmente proporcionarle la información que necesita para estar en la mejor forma de su vida. Debido a la abrumadora cantidad de desinformación y mentiras difundidas por las revistas y los autoproclamados "gurús", cada vez es más difícil conseguir información fiable para ponerse en forma. A diferencia de tener que pasar por docenas de fuentes tendenciosas, poco fiables y no confiables para obtener información sobre su salud y estado físico. Todo lo que necesita para ayudarle se ha desglosado en este libro para que pueda seguirlo fácilmente y obtener resultados inmediatos para alcanzar sus objetivos de fitness deseados en el menor tiempo posible.

Una vez más, para suscribirse a nuestro boletín informativo gratuito por correo electrónico y recibir una copia gratuita de este valioso libro, visite el enlace e inscríbase ahora en: **www. effingopublishing. com/gift.**

Capítulo 1: Conquiste sus emociones

La ansiedad no tiene por qué poner en peligro su relación. Tan pronto como usted supere sus sentimientos y utilice las estrategias de afrontamiento adecuadas, podrá tener una relación estable. Estas estrategias de afrontamiento evitarán que la ansiedad cause estrés en su relación.

El tipo de pensamiento que lleva a la debilidad emocional regularmente comienza en la adolescencia. Dependemos de nuestros padres para todas nuestras necesidades entusiastas -amor, comodidad, aprobación, etc.- y tenemos que ser capaces de hacer frente a ellas. Además, en este sentido, regularmente no desarrollamos plenamente la capacidad de mejorar libremente nuestra calidad de jóvenes apasionados, porque nuestros padres, por amor, hacen todo lo posible para satisfacer todas nuestras necesidades.

Tan pronto como usted sale con alguien, es fácil caer en la trampa de usarla como terapeuta sustituto. Su pareja no es su terapeuta. Al esperar que sea su terapeuta, la abre al apego emocional. Esto puede conducir al odio hacia su pareja. En última instancia, no es el deber de su pareja proporcionarle una terapia gratuita. La tarea de tomar el control de sus emociones recae en usted como persona que sufre de ansiedad. Consulte a un especialista que pueda mostrarle formas sustanciales de manejar el estrés que mejoren su satisfacción tanto dentro como fuera de su relación. Si usted está en una relación a largo plazo, puede considerar asistir a sesiones de pareja para trabajar sobre el nerviosismo que subyace en su relación. Al hacerlo, usted alivia la presión sobre su pareja y su relación.

Trate de no desanimarse si su pareja se opone desde el principio; continúe el tratamiento sin nadie más. Esto le ayudará a desarrollar sus habilidades para sobrellevar la situación y mejorar la ansiedad de su pareja. Al cuidar de su propio bienestar psicológico, usted está en el camino correcto para asumir la responsabilidad de sus sentimientos.

Por qué el pensamiento negativo es tóxico

El pensamiento negativo es muy dañino. Ralentiza la impaciencia y la inspiración del individuo, tanto dentro como fuera de la relación. El pensamiento negativo se suma a la vacilación, a la pérdida de tiempo, a la inactividad y al fracaso en el logro de objetivos y logros. El pensamiento negativo le derrota y le hace llorar. En cualquier caso, el hecho es que sus pensamientos negativos lo convierten en la causa de todos sus problemas. Cuando se permite aprovechar los sentimientos negativos, está haciendo su propia desgracia. Estos pensamientos negativos pueden ser;

-• No va a funcionar.

-• Soy desafortunado.

-• Sin duda, algo saldrá mal.

-• Mi relación no tiene remedio.

-• ¿Por qué tantos problemas?

-• No puedo hacer esto.

Realmente hay una medida constante de mensajes negativos que se pueden transmitir. Esto los desalienta a ser proactivos y a avanzar en su relación. Para romper el ciclo, deben dejar de permitir que los pensamientos negativos entren en su psique de esta manera y darles el control.

En general, se ha acostumbrado tanto a su propio pensamiento negativo que ya no es consciente de su propia manera de hacer las cosas. Este es un tema importante. Necesita volver a ser más y más consciente de nuevo. Cuando se pueden percibir palabras y consideraciones negativas, se pueden detener y contrarrestar con mensajes positivos o alternativos. Al tener confianza y esperanza, puede convertir la negatividad en verdad, no el miedo. El hecho de que las cosas no hayan resultado diferentes o de que se haya decepcionado en el pasado no significa que no vayan a ser diferentes esta vez. Usted es el amo de su propio destino, y cuando usted cambia la negatividad por la inspiración, su perspectiva esperanzada se refleja en su relación.

En un nivel subconsciente, su negatividad es un mecanismo de defensa que le protege de cualquier cosa terrible que pueda suceder, que pueda dañarle emocionalmente. Al aceptar su relación con la negatividad, usted cree que suavizará el golpe si su relación se acorta. En realidad, usted está arruinando su relación. El nerviosismo y la anticipación del fracaso de la relación ayudan a bloquear toda la felicidad e inspiración para entrar en la relación. Detiene el flujo de energía positiva y crea estrés en su relación.

Una mente sana requiere varios tipos de frutos de positividad, compasión y comprensión. De la misma manera, apreciar y respetar las diferencias de su pareja es una regla de oro que une a las personas. La independencia financiera, si se le da a una persona, mejora la salud emocional y crea un sentido de compasión. Los pensamientos negativos pueden eventualmente servir como un asesino de la relación. Existe un circuito de retroalimentación entre los pensamientos, comportamientos y sentimientos de una persona. Por lo tanto, el pensamiento negativo es una forma de auto-abuso. Por lo tanto, el pensamiento pasivo puede sabotear una relación.

Para superar esta negatividad crónica, una persona debe estar dispuesta a practicar el cuidado y reconocer los logros positivos de su pareja. A veces nuestra mente trabaja a través de la distorsión, es decir, asumimos que los pensamientos inexactos son exactos y por consiguiente asumimos el peor resultado posible. La mejor manera de superar esta negatividad es estar preparado para hacer un juicio. No debemos comparar nuestras vidas con muchas situaciones poco realistas que sólo nos causan incomodidad. Siempre que note alguna negatividad en su pareja, busque también una cualidad positiva. Pero recuerda siempre que el optimismo es una joya. Sólo distráete hacia algo divertido y productivo.

En el momento en que deje que el miedo y la negatividad se derrumbe, usted está arruinando subconscientemente su relación. En lugar de esperar lo peor de lo peor en su pareja, trate de imaginar lo mejor. Incluso ahora puede revelarse a sí mismo que el vínculo puede no funcionar, pero necesita hablar de sus problemas con su pareja. La negatividad es muy perjudicial para una relación. Averigüe cómo actuar de forma natural, consciente y positiva con usted mismo, y finalmente comenzará a sentirse cada vez más asociado con su pareja.

Celos; ser consumido por sus emociones

Nadie aprecia los celos ni se deja consumir por ellos. Aunque los celos son un sentimiento inevitable que casi todo el mundo experimenta de vez en cuando, los celos que devoran su interior son muy devastadores. Los celos pueden tomar el control de su vida debido a la remota posibilidad de que no pueda controlarlos, y pueden abrumarle. Puede ser muy dañino y puede destruir una relación. En el momento en que usted permite que los celos lo abrumen a usted o a su pareja, usted está potencialmente arruinando su propia relación. Al tratar de entender dónde se originan sus sentimientos de celos, averiguar cómo manejarlos y descubrir enfoques para ajustarse a sus sentimientos, usted está permitiendo que su relación prospere.

Entonces, ¿qué son estos celos?

Según algunos estudios, los celos están asociados a la baja autoestima. Numerosos individuos no son conscientes de la manera en que la desgracia es parte de la ansiedad. Va de la mano con las reflexiones negativas y auto-creadas. Para los individuos que experimentan los efectos nocivos del nerviosismo, la desgracia puede tener un impacto vigoroso en lo celosos o inciertos que se sienten.

Las consideraciones básicas y negativas apoyan las prácticas y emociones peligrosas, que lo llevan a analizarse, juzgarse y evaluarse a sí mismo frente a los demás. Para aquellos que sufren de estrés, esta evaluación termina con un escrutinio y obsesión extraordinarios. Estos pensamientos básicos y negativos, en general, alimentarán la envidia y alimentarán discusiones internas sospechosas. Los celos en la ansiedad a menudo se establecen en experiencias previas, tal vez una separación, una pareja que engañó a alguien que alguna vez amó.

En una relación, los celos arruinan una relación amorosa y de apoyo. Cuanto más se aferre a los sentimientos de resentimiento, generalmente encontrará una cuña entre ustedes. Recuerda que los celos suelen surgir de sentimientos de debilidad o deshonra en nosotros mismos. Estas emociones negativas y celosas se convierten en pensamientos ansiosos que pueden sonar como los siguientes;

No le gustaría asociarse con usted

-•   Debe haber alguien más.

-- Está perdiendo el interés.

-- Mi compañero no tiene remedio.

-- Necesita alejarse de ti.

-- ¿Quién tendría que escucharlo?

-- Es tan agotador.

Los individuos que experimentan los efectos dañinos de la ansiedad saben de estas consideraciones que experimenta nuestro cerebro; sin embargo, los celos empiezan a aparecer cuando estas estructuras comienzan a sobrepasar los límites. El problema principal es que aquellos que están ansiosos generalmente se retiran en un intento de protegerse de la amenaza o el dolor que creen que está ocurriendo. Sea como fuere, cuanto más se retiren, más lejos estará su pareja y más celoso será. Al tomar efectivamente un tiro a su nerviosismo y celos, usted está haciendo su relación una necesidad y decidiendo amar y acercarse a su pareja en lugar de estar dispuesto e inseguro. Al utilizar las herramientas que se presentan a continuación y más adelante en este libro, tendrá la opción de lidiar con su deseo con mayor probabilidad;

1. **Sepa lo que le está activando.** ¿Sería eso lo que hace que su nerviosismo se mezcle? Tal vez sea una pareja que es fiel o un ex-novio que está presente con otra persona. ¿Quizás es un colega que está mejorando su trabajo?

2. Identifique su voz interna. Trate de reconocer qué factores lo ponen celoso. ¿Es verdad que sólo es celoso, o sus consideraciones le empujan hacia abajo y le hacen escudriñarse a sí mismo? ¿Es seguro decir que se siente irrelevante o no apto para el progreso como resultado de ellas?

3. ¿Cuáles son las consecuencias de sus pensamientos y de dónde vienen? ¿Sus consideraciones lo hacen sentir tenso para lograr o ser algo que no es? Siente que debe parecerse a otra persona? Si usted fuera a cambiar, ¿sería un cambio positivo? ¿Su envidia está establecida desde hace mucho tiempo?

Precisamente, ¿cómo manejaría el deseo? Ir a tratamiento tratará sus emociones de una manera positiva que le instruirá sobre las aptitudes que está adaptando. Al utilizar los enfoques que se encuentran debajo, usted también estará mejor preparado para excusar su envidia y trabajar a través de ella;

-• **Piense en lo que está causando su deseo** - Usted puede pensar en lo que los sentimientos, individuos y sensaciones le hacen desear e inundar su cerebro con pensamientos envidiosos. ¿Lo que sientes está conectado a una ocasión pasada? Tal vez sea una relación familiar o una observación negativa actual de su juventud. Cuando usted puede asociar sus sentimientos y sobrecompensaciones con cosas que sucedieron en su pasado, usted tendrá una manera más transparente de trabajar con el método más competente de superar esos sentimientos en el presente.

-• Permanezca impotente y permanezca tranquilo - No importa cuán ansioso esté; hay continuamente un acercamiento para descubrir su camino de regreso a su ser presente y para apaciguar su punto de vista. Esto debería ser posible tolerando que él es humano y manejando sus propios sentimientos humanamente. Recuerde que el deseo y la tensión van y vienen en oleadas; constantemente se juntan y mueren después de algún tiempo. Usted puede reconocer su envidia y reconocer sus emociones sin responder a ella, y aprender dispositivos que le ayuden a trabajar a través de su deseo sin sobrecompensar. Mitigar la respiración y los paseos largos son sólo una parte de los procedimientos que le ayudarán a calmarse. Recuerde que es más simple callarse cuando no soporta o sintoniza las palabras y contemplaciones negativas que se originan en su experto interno. Tomar estrategias de quietud puede ser problemático; sin embargo, es un instrumento fundamental para ayudarle a enfrentarse a sus propias contemplaciones esenciales. Al hacer esto, usted puede estar indefenso y abierto a aquellos a quienes ama y cuida, fortaleciendo su relación.

-• Deje de seguir adelante - La voz interior que le hace explotar y le impulsa a arremeter contra su pareja y sus compañeros causa un daño a largo plazo a sus conexiones. Si usted se permite terminar con la locura y se atasca en una mirada de deseo, podría incluso devastar su relación completamente. Este es un tipo de auto daño porque la buena voluntad te hace atacar o rechazar a alguien que amas sin tener la culpa. Esto es particularmente cierto para los individuos en una relación. En el momento en que usted hace esto, usted está haciendo lo mismo que usualmente lo aterroriza. Puede terminar lastimando y socavando a su pareja. Esto exacerbará sus propios sentimientos de duda y el miedo a ser abandonado. De hecho, usted puede accidentalmente forzarlo a seguir su comportamiento, causando que se aísle de usted, ocultando sus emociones o actividades para mantener una distancia estratégica de sus dudas y deseos.

-• Encuentre seguridad en sí mismo -

Concentrarse en sí mismo y encontrar su propio sentimiento de seguridad es lo mejor que puede lograr para los sentimientos de envidia que desencadenan el nerviosismo. Puede que aún no sea sencillo dar todos los pasos necesarios para tranquilizar al experto que hay dentro de sí y persuadirse de que estará bien, sin importar si eso implica estar sin nadie más es fundamental. El reconocimiento de que no es necesario que se moleste con un individuo explícito para apreciarle de una manera completa y alegre es lo que le permite. Los individuos son normalmente defectuosos y tienen limitaciones, y es significativo entender que un individuo no puede darle todo lo que necesita constantemente. En el momento en que practique la empatía consigo mismo, podrá enfrentarse a la voz básica interior y a sus consideraciones negativas. Usted no tiene que cerrar a los individuos o desentenderse del mundo para tener la opción de ser comprensivo consigo mismo. Lo que significa que capta su vida, sus defectos y sus debilidades totalmente, dándose cuenta de que es lo suficientemente capaz de vencer desafíos y decepciones. Recuerde que lo principal que usted puede controlar en la vida es cómo responde a sus condiciones.

-• **No deje de estar concentrado** - Aunque a algunas personas no les gusta ser agresivos, es excelente cuando se hace con precisión. Estar concentrado no significa que esté decidiendo ser el mejor en algo. Implica que usted puede establecer un objetivo razonable y declarar que está dando lo mejor de sí mismo para tener la opción de lograrlo. En el momento en que se concentra en sí mismo, está entendiendo todo lo que le ayudará a lograr sus objetivos de manera positiva. En lugar de ser envidioso, negativo y agresivo, puede despertarse y asociarse con las mejores características en sí. Cuando se haya asociado con su identidad interna, tendrá la opción de encontrar una forma de acercarse más a sus objetivos. La consideración se gana, no se ofrece, y para ganar esa consideración; usted debe ser considerado en sus actividades y consciente de las ramificaciones de esas actividades. De la misma manera, en el caso de que necesites sentirte adorado y reconocido por su cómplice, debe estar dispuesto a estar atento y hacer que ellos también se sientan estimados en su relación. Cuando tiene confianza en su necesidad de actuar con rectitud y de buscar efectivamente sus objetivos, puede ganar la lucha contra el desasosiego que es causado por el deseo y comenzar a volver a ser si mismo - alguien que está aislado de cualquier otro individuo y único en su tipo.

-• **No evite discutirlo** - Todo el mundo tiene un compañero que explota o se agita cuando se examinan temas específicos, pero esto no significa que no deba ser su compañero. Sin embargo, no son las personas con las que deberías hablar cuando te sientes envidioso o inquieto. Lo más probable es que estos individuos le hagan sentir cada vez más ansioso o deseable antes de que termine la discusión. Por ello, debe buscar personas que no sólo le ayuden, sino que también le ayuden a pensar en las circunstancias de forma sensata. Cuando se dirija a estos individuos, asegúrese de reconocer por sí mismo que sus pensamientos negativos no son razonables y que sus sentimientos no son correctos. Esto alivia los sentimientos de deseo porque la carga de sonido le permite escuchar sus bulliciosos reflejos, ayudándole a cambiar sus actividades y cómo respondería. Si la excitación resulta ser excesiva, debe buscar la ayuda de un especialista que pueda ayudarle a entender cómo se siente, cómo manejar esos sentimientos y trabajar sobre los cimientos de los cuales se originan sus sentimientos de envidia.

Los celos son una emoción inevitable que vive dentro de todos nosotros. Todos lo experimentamos de vez en cuando. Es aterrador ver cómo esta emoción influye en una persona cuando se deja dominar por ella. La voz de los celos surge de comentarios sospechosos en nuestras cabezas, y con el tiempo se vuelve aún más difícil de soportar. Nuestros celos pueden ser románticos o competitivos. Nuestra voz interior nos aconseja que actuemos inmediatamente y que tomemos medidas que pueden causar daños a largo plazo. Pero debemos comprender que no siempre necesitamos el amor de una persona para sentirnos abrumados. Necesitamos mantener nuestros sentimientos más saludables, lo que nos permite darle espacio a nuestra pareja.

Conexión; Determinar el éxito y el fracaso

Su estilo de conexión puede influir directamente en su determinación de ser cómplice de cómo progresa o termina su relación. Ver su ejemplo de conexión puede ayudarle a entender cuáles son sus fortalezas y debilidades cuando ve a alguien. Los patrones de conexión generalmente se enmarcan en la adolescencia temprana y continúan funcionando como el modelo de trabajo de cómo hacer conexiones como adulto. Su patrón de conexión tiene un impacto en la forma en que usted responde a sus necesidades y en la forma en que usted se aproxima a satisfacerlas. Las conexiones seguras y constructivas suceden cuando un individuo está seguro y consciente. Estos individuos generalmente están listos para conectarse efectivamente con otros y pueden abordar los problemas de sus cómplices sin ningún problema o celos. Un diseño de conexión inquieta usualmente causa nerviosismo o separación que ocurre en la relación mientras que la persona que sufre recuerda su diseño juvenil.

Los adultos conectados de forma segura, en general, se sentirán progresivamente realizados en sus conexiones. Los niños con una conexión segura consideran que hay una base protegida desde la que pueden salir e investigar libremente el mundo. Un adulto seguro tiene una asociación comparativa con su cómplice sentimental, teniendo un sentido de seguridad y asociado mientras se permite a sí mismo y a su amante moverse sin reservas.

Aunque las personas inquietas y conectadas actúan de manera poco fiable, su comportamiento a menudo agrava sus propios sentimientos de inquietud. En el momento en que se sienten inseguros de las emociones de su amante y peligrosos en su relación, regularmente se vuelven tenaces, exigentes o posesivos con su pareja. De manera similar, pueden interpretar las acciones libres de su ser querido como una confirmación de sus sentimientos de miedo cuando, en realidad, el comportamiento de su amante no tiene nada que ver con sus reflexiones. Por ejemplo, si su ser querido comienza a mezclarse más con sus parejas, usted podría pensar, "¿Ves? Por lo general no me aprecia. Prefiere invertir energía con sus compañeros. Esto implica que me va a dejar. Tenías razón al no confiar en él.

Los individuos con una conexión problematica tienden a alejarse de sus compañeros. Pueden buscar la separación y sentirse pseudo-libres, asumiendo ellos mismos el trabajo de criar a su amante. Parecen ser regularmente egocéntricos y pueden estar demasiado atentos a sus lujos diarios.

Un individuo con una conexión espantosamente evasiva vive en un estado de conflicto, donde teme estar demasiado cerca o demasiado lejos de los demás. Intenta mantener sus sentimientos bajo control, pero no está preparado para hacerlo. No sólo puede mantenerse alejado de su nerviosismo o huir de sus emociones. En lugar de ello, está dominado por sus respuestas y regularmente experimenta tormentas entusiastas. En general, se vuelve agitado o errático en sus actitudes. Ve sus conexiones a partir del modelo de trabajo que ha definido en su mente y mira a los demás para satisfacer sus necesidades, pero si se acerca a los demás, se sentirá herido. Por así decirlo, el individuo al que necesita recurrir para su seguridad es un individuo similar.

Como adultos, estas personas generalmente terminarán en conexiones duras o emocionales, con numerosos altibajos. A menudo tienen miedo de ser abandonados, pero también luchan con la cercanía. Pueden aferrarse a su amante cuando se sienten despedidos, momento en el que el contacto se produce cuando están cerca. Por lo general, la planificación se da por sentada entre ellos y sus cómplices. Un individuo con una terrible conexión evasiva puede incluso terminar en una relación difícil.

Puede desafiar sus componentes de protección eligiendo unir fuerzas con un estilo de conexión protegido y trabajar en la creación de sí mismo en esa relación. El tratamiento también puede ser útil para cambiar los diseños de conexión defectuosos. Al ser consciente de su estilo de conexión, tanto usted como su pareja pueden desafiar las inestabilidades y los miedos reforzados por sus patrones de trabajo profundamente arraigados y desarrollar nuevos estilos de conexión para continuar una relación excelente y valiosa.

La inseguridad como signo de debilidad

No es extraño encontrar incertidumbre de vez en cuando en una relación amorosa. Tarde o temprano, todos en su relación se han preguntado si su pareja es la persona adecuada para él o ella. La percepción es que alrededor del 40% de las personas se han sentido poco confiables en su relación tarde o temprano. Sin embargo, en una relación, las personas que se sienten seguras tienen menos problemas y son más felices que las personas que se sienten inseguras. De hecho, las personas que están seguras tienen más probabilidades de ayudar a su pareja en la relación.

Acabamos de establecer que los pensamientos negativos pueden estimular otras cuestiones más notables. Una de estas cuestiones es la ausencia de una certeza y seguridad apasionadas. Creer que su compañero no le va a socavar no implica que no se sienta inseguro. Lo siguiente son señales de que usted no tiene confianza y puede necesitar hacer un cambio para abordar su conducta antes de que empiece a influir en su relación;

-• **Usted no confía fácilmente** - Cuestiona cada pequeño detalle, espía a su compañero o se siente comprometido.

-• **Necesita seguridad para sentirse seguro**: Cuestiona cada pequeño detalle, espía a su compañero o se siente comprometido.

-• **Se siente fácilmente atacado** - Se siente fácilmente atacado - Se siente rápidamente insultado, herido o encerrado en algún lugar cerca de algo que su compañero le pide. En una fracción de segundo se siente escudriñado y necesita estar solo.

-• **No se acepta a sí mismo** - Usted lucha con respecto a darse el consentimiento para ser usted, se juzga a sí mismo con regularidad y se mantiene a las exigencias particulares.

-Usted comienza a armar jaleo y a hacer temas escandalosos, utiliza palabras terribles o completas y hace enormes contenciones en torno a algo que no es grande una vez que ha dado un paso atrás.

-• **Usted Lucha con la Intimidad** - Usted lucha con la sensación de estar cerca de su compañero de manera genuina y explícita, y puede sentir a su vigilante subiendo durante los minutos personales.

Entonces, ¿cómo corregiría su conducta?

Practique la curación y explique cómo o por qué se siente así. Pregunte si puede desafiar sus contemplaciones y sacar lo mejor de su pareja.

A medida que se involucra físicamente con su pareja, pregúntese si usted y su pareja experimentan la cercanía e intimidad de manera similar. Luego trabaje en el motivo por el cual está poniendo su guardia. Una vez que haya establecido por qué está haciendo guardia, practique e implemente formas en las que pueda ser vulnerable con su pareja. Recuerde que ser impotente no significa ser débil. Lo que hace es establecer un fuerte vínculo con su ser querido, uno que le da la oportunidad de confiar profundamente en ella.

Reconozca la primera vez que sintió esta sensación de frenesí y señálela como una oportunidad para percibir cómo está asumiendo un trabajo en sus circunstancias actuales. ¿Qué tuvo que escuchar entonces y qué tiene que entender ahora? En caso de que sea sólo el equivalente, trata de advertir de ese mensaje cuando empieces a sentirte activado de nuevo. En este punto, hazte estas preguntas: "Cuales de mis consideraciones son sospechosas", "Qué dijo mi compañero", "Puede haber una posibilidad de que esté disfrazando esta situación y convirtiéndola en algo que no es", y reflexiona sobre tres o cinco batallas que has tenido antes y examínalas objetivamente.

El apego es cruel y poco saludable para las relaciones. Una persona demasiado apegada crea una sensación de inseguridad, pero de la misma manera, el apego, si se trata con cuidado, puede hacer maravillas. Para los principiantes en las relaciones, cuando se comunican libremente y hablan deliberadamente con el corazón, se acostumbran a ello. Y a medida que pasa el tiempo, la sensación de no saberlo todo hace que uno se sienta inseguro.

Adopción de resoluciones; reducción de conflictos

Los casos más conocidos de una relación en una situación difícil son la forma en que la pareja difiere o se pelea y cómo resuelven el problema entre ellos. Sus objetivos, ya sean negativos o positivos, pueden influir en el tono de la relación y en la forma en que se abordan los conflictos más adelante.

Las contradicciones que se convierten en pequeñas disputas o en constantes e implacables enfrentamientos a menudo terminan en una posibilidad más incierta de que la relación dure. Las parejas que buscan tratamiento de forma rutinaria lo hacen para ayudar a que su relación se cure. El tratamiento detiene las relaciones negativas entre los dos y adquiere una correspondencia positiva.

Es común que los individuos en una relación necesiten resaltar las partes positivas de su relación y que necesiten pasar por alto las horribles. Las parejas se aman y, por lo tanto, tienden a perdonarse y a no confiar nunca más en que el destino final de su relación será mejor. Sin embargo, cuando los ejemplos negativos reaparecen en una relación, el daño comienza a ser irreparable.

Al buscar tratamiento, las parejas pueden dejar de lastimarse mutuamente antes de comenzar a destruir la relación. Las investigaciones demuestran que las parejas que no dejan de pelear o que no tienen éxito en la lucha están ocultando otros problemas dentro de sí mismos. Estos problemas deben ser resueltos juntos para que la relación se estabilice una vez más. Esto es particularmente evidente en las parejas que se pelean por cosas que no pueden o no quieren juntar. Cuando las parejas ven que la batalla es imposible de ganar y dejan de participar efectivamente en ella, se familiarizan con las habilidades para interactuar de una manera viable. Esto mejora su relación y permite que ambos cónyuges recuperen el amor y la confianza en el otro.

En lo que respecta al nerviosismo en una relación, uno de los miembros de la pareja puede necesitar urgentemente apoyo, absolución o respaldo, mientras que el otro puede sentirse enojado, molesto o inaccesible. Para el individuo bajo estrés, esto se llena como una afirmación de su miedo y sus sentimientos de rechazo, sin importar lo mucho que intenten rechazar el comportamiento de su pareja. El problema con la incomodidad es que a menudo es la persona que sufre de estrés la que hace que sus cómplices se sientan odiados e indignados por su comportamiento. Desafortunadamente, el estrés hace que el comportamiento en el que la persona que sufre termina cosiendo lo que cose con su pareja se vuelva cada vez más distante después de un tiempo.

El conflicto es un signo visible de que la relación entre dos personas debe mejorar. Las peleas tensas conducen al caos y a la incomodidad. Siempre que una persona tiene un fuerte impulso de ganar cada argumento, es cuando surge el conflicto. Pero siempre hay una manera correcta de ganar cada situación. Las relaciones sobreviven cuando ambas personas se esfuerzan por combatir el conflicto en lugar de culparse mutuamente. No hablar o estar enojado con su pareja es cuando el silencio comienza a ensombrecer una relación. Crea resentimiento y hace que la otra persona se sienta castigada y confundida. Para resolver esto, dos personas necesitan estar abiertas a lo que quieren el uno del otro. Siempre deben estar dispuestos a escuchar sin juzgar. Las malas palabras constantes también pueden desgarrar la moral de su pareja. Por lo tanto, elija sus palabras sabiamente. Recordar viejos errores no tiene sentido. Sólo puede cuidar su relación si se cuida a sí mismo primero.

Reconectarse con su pareja emocionalmente

El momento en que comienza su relación es energizante y excitante. Para algunos, la ansiedad no llega hasta otro momento, cuando la conexión se ha hecho. Sin embargo, para los individuos que experimentan los efectos dañinos del nerviosismo, tarde o temprano, comenzará a afectar su relación.

En el momento en que el estrés se apodera de una relación, la pareja a menudo se siente descuidada o enojada y puede comenzar a alejarse. Al volver a conectarse honestamente con su pareja, usted puede construir una relación más sólida. Con una relación más fundamentada, el nerviosismo debería comenzar a disminuir y esto permitirá que su relación se desarrolle en una sociedad sólida.

Entonces, ¿cómo abordaría el reconectar con su pareja a un nivel apasionado?

Inicialmente, usted tiene que reconocer que su tensión es probablemente una parte enorme de por qué usted y su pareja se sienten desconectados el uno del otro. Entendiendo su conducta, sin importar si es deliberada o no, en la posibilidad de que usted pueda discutir su inquietud y mostrar que ha encontrado una manera de abordar su conducta.

Aquí hay algunos consejos sobre el método más eficaz para reconectar el nerviosismo sin sudor en su relación;

Asociarse con su compañero de manera consistente; a medida que su relación se desarrolla, usted y su compañero resultarán ser menos ansiosos por conocerse mutuamente.

Esto está bien y es normal. Hacia el comienzo de una relación, pasamos el tiempo juntos porque necesitamos conocernos mejor el uno al otro.

En este punto, probablemente sabe todo lo que tiene que pensar sobre su cómplice. Invertir energía con ellos resulta ser menos crítico para usted.

No sabe nada de su compañero.

Sigua intentando reconectar. Puede que lo hiciera hace tiempo, cuando aún era una pareja. De cualquier manera, los individuos no son estáticos; están en constante evolución.

Su compañero es inesperado hoy comparado con lo que era ayer, de una manera simple.

Necesita una gran y constante inversión para reunir algo de energía, permaneciendo inactivos pero hablando y sin ver nada significativo.

El hecho de existir entre sí les permite permanecer asociados de tal manera que se sienten más entusiastas que con los pies en la tierra.

El sentido de conexión es crucial para las relaciones. Interésese en la rutina de su pareja, como lo que hacen a diario. Sólo las cosas más pequeñas cuando se hacen con amor afectan a la otra persona. Cuando conocemos a alguien, también conocemos sus lados oscuros. Pero la aceptación es necesaria. Necesitamos mantener a la otra persona en su luz positiva. Las personas en relaciones sanas se conectan para resolver sus discusiones y reparar rápidamente. Ninguna relación es perfecta, y siempre podemos ser alguien que saca lo mejor de los demás. Construir una buena relación todavía requiere tiempo y esfuerzo en ambos extremos. Este mundo está lleno de gente buena.

Capítulo 2: ¿Puede la ansiedad ser positiva?

La ansiedad parece tener significados negativos; sin embargo, las investigaciones han demostrado que la ansiedad puede tener ventajas y desventajas.

Un individuo que experimenta tensión conoce el temor extremo, el estrés y la aprensión que acompaña a su ansiedad. Descrita algunas veces como un sentimiento consistente de aprensión o miedo, la ansiedad puede llevarle a sentirse desviado y sin apego a su pareja y al mundo exterior. Las reacciones físicas pueden influir en sus sentimientos, así como añadir emociones y pensamientos progresivamente negativos.

La ansiedad es un sentimiento que es regularmente retratado por el miedo extremo, el estrés y la preocupación. Numerosos pacientes de ansiedad lo describen como un sentimiento de aprehensión y miedo que puede ser desviador, en el mejor de los casos y, en el peor, agotador. La ansiedad se experimenta regularmente en numerosos niveles, influyendo en los sentimientos de uno, provocando sensaciones físicas incómodas y añadiendo pensamientos negativos. Sea como fuere, el nerviosismo también puede tener resultados beneficiosos, y por debajo investigaremos eso.

Un grado específico de nerviosismo es algo por lo que hay que estar agradecido. Las investigaciones muestran que la alta presión puede impulsar y energizar a un individuo en su vida. La ansiedad puede ser sólo la señal de advertencia. Tiene que llevar la atención a su circunstancia actual y desplegar algunas mejoras vitales a lo largo de su vida. El estrés y la ansiedad constantes pueden ser una señal de que algunos aspectos de su vida están fuera de rumbo y necesitan ser alterados. Por ejemplo, usted puede encontrar que tiene una relación que nunca más está funcionando, tal vez su actividad está causando mucha presión, o tal vez los problemas monetarios les hacen perder el descanso y la sensación de nerviosismo. Sus manifestaciones pueden ser difíciles de supervisar, sin embargo, investigar y adaptarse a su ansiedad puede ser una puerta abierta genuina para el auto-crecimiento. La próxima vez que la ansiedad aparezca, considere qué mensaje tiene para usted y los posibles ajustes que puede necesitar hacer en su vida. En lugar de ser considerada siempre un obstáculo, la ansiedad puede ayudarlo a sentirse más motivado y preparado para enfrentar los desafíos. Las investigaciones han demostrado que los estudiantes y atletas que se encontraban algo nerviosos mostraban una mejor ejecución en las pruebas o mientras participaban en juegos agresivos. De la misma manera, un cierto nivel de tensión en los individuos que tienen una memoria de trabajo decente puede mejorar la ejecución de las pruebas intelectuales.

Considere las formas en que su nerviosismo lo convierte en una fuerza motivadora para tener éxito en ciertos aspectos de su vida. Por ejemplo, su ansiedad puede ayudarle a hacer un esfuerzo adicional en el trabajo o en los negocios individuales, a hacer una conexión decente o a avanzar hacia sus metas. Mientras piensa en su propio nerviosismo, trate de considerar formas en las que pueda usarlo para su crecimiento y desarrollo personal. Aunque pueda parecer que no tiene sentido de vez en cuando, hay una razón para la incomodidad.

Estas emociones y señales son parte de nuestro método natural de controlar la presión. Conocido como la reacción de batalla o huida, el nerviosismo tiene como objetivo protegernos de las amenazas y permitirnos responder rápidamente a las crisis. En el momento en que se dirigió a nuestros antepasados, la reacción de presión de batalla o huida arregló para que la gente atacara o escapara de un peligro peligroso en la tierra, por ejemplo, una criatura terrible o una condición atmosférica. Hoy en día, la ansiedad puede ser un síntoma que hace que usted responda rápidamente para mantener una distancia estratégica de un percance mientras conduce un vehículo o para evitar que entre en un lugar o situación peligrosa.

Un estudio mostró que los niños que experimentaron nerviosismo tuvieron menos percances y muertes no intencionales en la adultez temprana que los individuos que no tuvieron nerviosismo. Una persona que ha manejado el estrés puede ser progresivamente comprensiva y comprensiva de los problemas que otros enfrentan. Después de haber experimentado batallas individuales, usted mismo puede ser gradualmente susceptible, cuidadoso y aceptante cuando sus seres queridos están lidiando con dificultades personales. Se ha demostrado que las personas con ansiedad se preocupan más por la forma en que interactúan con los demás. A veces, usted tiene todas las características de ser ese compañero que alguien necesita. Los individuos con ansiedad también pueden estar dotados para ocupar posiciones influyentes, ya que piensan cuidadosamente en la plausibilidad de muchos resultados. Su batalla contra el estrés puede influir negativamente en su profesión, sus conexiones y sus deseos individuales.

La ansiedad como herramienta para formar personalidades fuertes

Los individuos que tienen nerviosismo pueden ocasionalmente parecer calmados, desinteresados o tranquilos. Con demasiada frecuencia, están asumiendo un conflicto interno o asumiendo su entorno antes de participar en una discusión o iniciar una asociación significativa. Esto se debe a que están tratando de observarse a sí mismos para evitar ser perjudicados o despedidos.

Las fiestas y ocasiones pueden causarle muchas molestias, y estar rodeado de individuos puede desencadenar incertidumbres o ataques de ansiedad. Para aquellos con ansiedad, salir de su caparazón y mostrar la fuerza de su personalidad puede ser una batalla cuesta arriba. Se debe hacer un esfuerzo consciente para salir y hablar contigo mismo a través de los pensamientos negativos. Sin embargo, a través del tratamiento y el establecimiento de las reglas de este libro, es posible construir una personalidad fuerte incluso cuando se sufre de ansiedad.

Tener un carácter fuerte no significa que usted tenga que ser ruidoso, intimidante o exagerado para mostrar su personalidad. También es posible tener un carácter fuerte y estar callado. Aquí hay algunos consejos que le ayudarán a construir un carácter fuerte mientras experimenta el nerviosismo;

Escuchar antes de hablar

Con demasiada frecuencia, la ansiedad nos lleva a reaccionar de manera exagerada o a evitar decirle a la gente quiénes somos. Al iniciar una discusión con la persona, deja que su mente y su tiempo de incomodidad procesen los datos.

Una vez que haya escuchado y entendido lo que la otra persona ha dicho, puede responder. Esto le permite interactuar con un individuo a un nivel más profundo y progresivamente más significativo y le ayuda a decidir precisamente si quiere seguir construyendo una asociación con ellos. La prueba es que las personas que están ansiosas a menudo no hablan a menos que se les cuide.

Dada esta situación, la gente puede ordenarle que se mantenga distante o demasiado callado, y por esta razón no se dirigirán a usted primero. Para superar esto, necesitas tener suficiente poder sobre tu inquietud para iniciar una discusión y empezar a mostrar al mundo lo fuerte que eres. En el momento en que usted hable primero, el otro individuo se acercará a usted naturalmente, y esto le da la oportunidad de sintonizar con lo que él o ella está diciendo. Recuerde utilizar la conversación empática para mostrar que usted está comprometido y que la persona tiene su atención mientras habla.

Las acciones hablan más fuerte que las palabras.

El hecho de tener un carácter fuerte no siempre significa que se necesite hablar para ser escuchado, y éste es, en algunos casos, un método más sencillo de transmitir la posibilidad de experimentar los efectos dañinos del nerviosismo. Estar en una relación en la que los demás son más fuertes y más conspicuos puede ser abrumador. Su inquietud puede hacer que se sienta frustrado e inútil en estas situaciones; sin embargo, no tiene por qué sentirse así.

Hay varios cursos en línea y en persona que muestran a un individuo cómo tener confianza en sí mismo sin tener que abrir la boca para hablar. Descubrir cómo estar satisfecho en la comunicación no verbal, un apretón de manos seguro y una posición corporal abierta puede ser muy útil cuando se trata de representar un carácter fuerte y el deseo de hablar con los demás. Desde el principio, será difícil no alejarse y permitir que el nerviosismo se apodere de usted; sin embargo, cuanto más practique la confianza, más fácil será representarse a sí mismo como fuerte y seguro de sí mismo.

Acepte los elogios, cuando sea necesario.

En el momento en que experimente los efectos nocivos del nerviosismo, en general, recibirá elogios y reconocimiento con moderación, temiendo que el elogio sea una afrenta oculta. En el momento en que alguien alaba, usted deja de lado el esfuerzo de sintonizar con lo que está diciendo y lo reconoce honestamente. A menos que sepa que la persona es sarcástica, su alabanza está arraigada en la verdad.

Asegúrese de expresar continuamente su gratitud hacia ellos, y aquí está la parte marginalmente más difícil; asegúrese de ofrecer crédito a cualquiera que le haya ayudado a progresar. Por ejemplo, usted es elogiado por una aventura en el trabajo. Su reacción sería de agradecimiento; no creo que hubiera sido un lugar tan fructífero si no fuera por la ayuda de mi socio.

Esto le dice a la gente que usted está involucrado, pero lo más importante es que les dice que usted es lo suficientemente seguro y confiable en su personalidad como para ser capaz de aceptar el elogio y reconocer que no lo hizo por su cuenta. Los individuos con carácter fuerte y cercanía son específicos, y aunque la ansiedad puede robarle eso, averiguar cómo reconocer el elogio de nuevo le ayudará a reconstruir su certeza - diciéndole a los individuos exactamente cuán fuerte es usted.

Los dos puntos siguientes son los más difíciles de conseguir para los que sufren de estrés, pero son esenciales para un carácter fuerte. Evite buscar el apoyo de los demás. Como usted ha leído en este libro, la ansiedad se basa en pensamientos negativos que se arremolinan incontroladamente en su mente, provocando una respuesta psicológica y física. Estos pensamientos negativos y sentimientos de inquietud te llevan a buscar el apoyo de los demás para aprobar tus sentimientos. La atención y la autoestima empiezan a formarse, animando a su carácter a convertirse en uno de solidaridad y certeza.

Los individuos que experimentan los efectos dañinos del estrés están realmente en una posición favorable para construir la calidad del carácter y la fuerza de carácter. Como ya están luchando una batalla constante contra la negatividad, su capacidad de ver venir un problema y de modificar su comportamiento puede ser utilizada en su beneficio. Pero, y esto es algo muy importante de entender. En cualquier caso, y esto es algo colosal de entender. No puede involucrarse con el pesimismo. En lugar de ello, escuche sus pensamientos y encuentre soluciones activas y positivas para el futuro. Esto le permite asumir la responsabilidad de su estrés en un diseño constructivo que le da un carácter sólido.

¿Cómo reconocer la ansiedad como un problema?

Como se mencionó anteriormente, el nerviosismo es algo típico que ocurre ocasionalmente. La sensación general de aprehensión o inquietud, en su mayor parte, golpea a los individuos un par de veces a lo largo de sus vidas. Sin embargo, en el momento en que la tensión comienza a convertirse en un problema, puede influir en sus conexiones, su actividad y su satisfacción. La reacción de batalla-presión o huida es útil para la amenaza más flagrante.

Tal vez se esté preguntando, ¿cuándo es razonable y beneficiosa la ansiedad? Hay un gran número de encuentros en la vida que pueden causar ansiedad ordinaria en los individuos. En el momento en que la vida presenta una primicia de cualquier tipo, sin importar si es una cita, el día de la escuela primaria, una nueva posición, o una excursión, la tensión y los nervios se activan. Estas ocasiones extraordinarias pueden parecer insignificantes para usted, sin embargo, cualquier ajuste en lo que su cerebro parece ser ordinario o rutinario desencadenará nerviosismo. Sin embargo, esto es normal y puede ser beneficioso. Es la manera en que su mente prepara su cuerpo para el peligro potencial y le recuerda que debe tener cuidado con la novedad. El nerviosismo normal se sienta y puede ser supervisado sin un exceso de ideas razonables.

Entonces, ¿cuándo se convierte la ansiedad en un problema? La ansiedad normal es intermitente y se basa en ciertos eventos o situaciones que la persona está experimentando. El problema de la ansiedad es crónico, a menudo irracional, e interfiere con las funciones normales de la vida de la persona. Si su ansiedad está interfiriendo con su vida, si está esquivando circunstancias, terminando de estresarse incesantemente, experimentando dificultad para concentrarse, o teniendo memoria y juicio en el momento, lo más probable es que su estrés sea un problema. Para algunos, los síntomas son tan intensos y consumidos que empiezan a causar problemas en su familia, trabajo y vidas de relaciones..

Los efectos del nerviosismo del tema pueden incorporar palpitaciones cardíacas, problemas estomacales y otras reacciones físicas reales. Estas señales físicas le hacen pensar racionalmente sobre el estrés extremo y los cambios sociales que cambian la forma en que usted colabora con otras personas en su vida. Si el nerviosismo del problema no se controla y no se trata, puede conducir a problemas de tensión, conexiones rotas y melancolía. Cuando el nerviosismo se convierte en un problema de estrés, es esencial ver a un especialista para trabajar en la vida diaria. Los ataques de nervios pueden llegar a ser paralizantes cuando se dejan sin control. Los signos más obvios de la ansiedad por problemas son;

-• A menudo se siente perdido.

-• Experimenta niveles más significativos de presión en general.

-• A menudo lucha con poca confianza.

-• Se siente aprensivo en numerosas circunstancias sociales.

-• Tiene problemas para supervisar la presión

-• Tiene mejores estándares para sí mismo y para los demás

-• Siente que el amor correspondido está basado en la ejecución.

-• A menudo tiene límites desafortunados.

-• Con frecuencia es trabajador compulsivo.

-• Está debilitado con mayor frecuencia.

-• A menudo tiene conexiones desafortunadas.

-• Se concentra internamente y insiste en su condición de bienestar y en sus problemas individuales.

-• Visita al especialista con mayor frecuencia.

-• Está obligado a tomar medicamentos

-• Está obligado a tener otros problemas médicos

-• Generalmente está cada vez más desanimados

-• Experimenta prácticas entusiastas esporádicas

-• Se siente perturbado regularmente

-• Se siente regularmente abrumado

-• Se siente desconectado o retirado del mundo y de la vida real

-• A menudo se siente simplemente al borde de perder el control.

-• A menudo no tiene confianza

-• Se concentra internamente y insiste en su condición de bienestar y en sus problemas individuales.

-• Puede saltar de una relación a otra en busca de una relación impecable

-• Puede saltar de la ocupación al trabajo como resultado de niveles más elevados de presión

-• Cuestiona su confianza

-• Recuento obsesivo y otros métodos de interrupción

Si usted experimenta cualquiera de estos efectos secundarios o si su nerviosismo general persiste por más de seis meses, es esencial que busque la ayuda de un experto médico y un terapeuta.

Capítulo 3: Soluciones para la ansiedad en las relaciones

El estrés puede ser un desafío para el monitoreo. Sin embargo, hay soluciones, y cuando usted está viendo a alguien, esas soluciones pueden funcionar juntas. Aunque algo de ansiedad es común en una relación, el hecho de que usted domine su relación puede hacerla dañina, perjudicando regularmente al individuo que más ama. Para algunas personas que sufren de ansiedad, saltar de una relación a otra ayuda a aliviar su ansiedad sólo por un período corto, cuando la inseguridad regresa. Regularmente se preguntan por qué sus conexiones se están quedando cortas, sin comprender nunca completamente que es su ansiedad la que aleja a los individuos.

Los estudios han indicado que los individuos con baja confianza tienen niveles de inseguridad mucho más altos, especialmente en su relación. Esto les impide hacer una asociación profunda y significativa con sus cómplices. Los individuos con baja confianza no sólo necesitan ser vistos como superiores a su pareja que a sí mismos. Sin embargo, en momentos de duda, experimentan dificultades, en cualquier caso, para percibir las confirmaciones de su pareja. Actuar sus inseguridades aliena aún más a su pareja, creando una profecía autocumplida, y como esta lucha es interna y dura la mayor parte del tiempo, la ansiedad se agrava. Es esencial manejar sus debilidades sin involucrar a su pareja en ellas. Puedes hacer esto tomando dos pasos:

⟨ Descubrir las verdaderas raíces de su inseguridad.

⟨ Desafíe su crítica interna que sabotea vuestra relación.

Debe establecer dónde se origina su incertidumbre, independientemente de lo que ocurra. Nada causa un daño inaccesible como una relación acogedora y abierta a alguien. Nuestras conexiones generan viejos sentimientos de nuestro pasado más que cualquier otra cosa. Nuestros cerebros están inundados con los mismos neuroquímicos en ambas situaciones. Todos tenemos un modelo de trabajo para las relaciones que se formaron en nuestras primeras relaciones con cuidadores influyentes. Nuestro primer ejemplo puede dar forma a nuestras conexiones adultas. Su estilo de conexión impacta en el tipo de pareja que elegimos y los elementos que suceden en nuestras relaciones. Un diseño de conexión segura anima a un individuo a estar progresivamente seguro y distante. En el momento en que alguien tiene un estilo de conexión nervioso o absorto, puede sentirse tembloroso hacia su pareja.

Hay un misterio en el seguimiento y la conquista de los obstáculos que les llevan a experimentar los efectos negativos de su inquietud. El secreto es reconocer que los obstáculos que les asustan y les hacen reflexionar negativamente son el camino para llevar una vida segura y digna de confianza. Cuando usted captura estos impedimentos y elige trabajar a través de ellos, tendrá la opción de comenzar a construir una atención más profunda a dónde y cuándo se originan sus debilidades.

Cuando usted comience a enfocarse, y ya no esté determinado por su inquietud e incertidumbres, tendrá la opción de dar pasos increíbles para fortalecer su relación.

Estos pasos son;

Perdone su pasado

La parte más importante de sus inseguridades ha sido formada por un miembro de la familia o una persona importante en su vida, reconozca esto y trate de identificar quiénes son. En este punto, comienza lentamente a buscar excusas para ellos. Defiéndalos y entienda que fueron impulsados por sus debilidades, que estaban luchando y probablemente estaban luchando contra sus propios espíritus malignos. Perdonarles por su mal comportamiento será una sanación para usted, ya que aferrarse al resentimiento no le ayuda. Cuando usted olvida el pasado, puede comenzar a enmendar lentamente y con cuidado.

Reconócese a sí mismo

Haga una pausa de un minuto para descansar y hacer una autoevaluación de su vida y de cómo la está viviendo. Note las piezas de usted mismo, tanto de su cuerpo como de su identidad interna, que no le importan o que podría querer cambiar. Actualmente, investigue estas piezas de usted, e intente imaginar el amor por sí mismo. Considérese a sí mismo como un individuo completo compuesto de partes grandes y defectuosas. Reconozca que usted merece amor como un cómplice, ya que todos, con poco respeto a sus defectos, tienen el derecho de ser adorados. En la remota posibilidad de que usted esté combatiendo, intente imaginar por qué ama a sus compañeros, en cualquier caso, dándose cuenta de que son defectuosos. De la misma manera, usted ama a sus compañeros; usted debe mostrar amor hacia usted mismo.

Comience a practicar la auto-aprobación

La inseguridad lleva a una persona a buscar el apoyo de otros. Si necesita el aplauso y la consideración de otra persona, trate de detenerse un minuto y reemplace este requisito de apoyo por la auto-aprobación. Cuando le quita la intensidad a la aprobación de los demás y empieza a dar apoyo, cambia el poder de la certeza a sí mismo. Tener el consentimiento de otra persona es decente; sin embargo, tener su propio apoyo es innovador. Trate de no malinterpretarlo. Esto no significa que se esté despidiendo o que no necesite asociarse con otros, o con el amor de su pareja. En cualquier caso, usted puede ser querido por su pareja mientras repite la auto-aprobación.

Deje de compararse con otros

Compárese con los demás, nunca están bien. Este comportamiento realmente le duele, así que en lugar de desear u oponerse a alguien más, cambie su punto de vista. Entienda que usted es único y que compararse con otra persona es como tratar de comparar una manzana con una naranja. Trate de ser feliz por ellos y feliz en su prosperidad, comprendiendo que ellos están en un camino alternativo a usted y tienen sus propios problemas también. Cuando quiera el bien de todos, elimine el poder de su ansiedad sobre usted y podrá ser feliz para usted y para los demás.

Descubra cómo tener confianza en el momento

Al usar las características de este libro y repetirlas, cuando el nerviosismo suba a lo más alto y de manera consistente, confiarán unos en otros. En el momento en que usted pueda crear una confianza en la que pueda basarse, podrá disfrutar del minuto sin que el nerviosismo domine. Descubrir cómo tener confianza en ese momento es un esfuerzo creativo. Recuerda que descubrir cómo creer en ti mismo es inseparable de descubrir cómo confiar en otra persona.

A medida que avance hacia la reparación y el placer, descubrirá constantemente cosas que le pondrán nervioso, pero cuanto más consciente se haga y más practique los métodos de este libro, más fácil le resultará salir de la tensión total. En poco tiempo usted se volverá más tolerante consigo mismo y con el amor de su pareja. Juntos, tendrán la oportunidad de establecer su relación en un lugar de confianza que ambos pueden disfrutar sin miedo u odio.

Después de revisar cuidadosamente las secciones anteriores sobre el tipo de conexión, debería darse cuenta de su estilo de conexión. Esto es útil porque puede ayudarle a encontrar maneras de reproducir una dinámica de hace mucho tiempo. Puede ayudarle a elegir mejores socios y estructurar conexiones más ventajosas, lo que puede cambiar su estilo de conexión. Puede hacerle cada vez más consciente de cómo sus sentimientos de fragilidad pueden perderse a causa de algo antiguo en lugar de nuestra relación actual. Al cambiar su tipo de conexión, puede combatir el estrés con un comportamiento real y una pareja cuidadosa y estable a su lado.

Sus debilidades también pueden venir de la voz interior esencial que ustedes han disfrazado como programación negativa por algún tiempo. Este experto interno normalmente será excepcionalmente hablador sobre las cosas que realmente te importan, así como sobre tus relaciones. Las conexiones desafían las emociones fundamentales que usted tiene acerca de sí mismo y lo sacan de su esfera habitual de familiaridad. Aumentan el volumen de su voz interior y reabren las heridas no resueltas del pasado. Si ya es negativo o si tiende a ser autocrítico, las relaciones amplificarán su ansiedad, a menudo forzando a que la negatividad salga a la superficie.

A continuación se presenta una recapitulación de cómo manejar la tensión en su relación a través de cada situación y ayudarle a recuperarse y seguir adelante.

-• Piense en lo que está causando sus celos - Usted puede pensar en los sentimientos, individuos y sensaciones que le hacen sentir deseo e inundar su cerebro con pensamientos envidiosos. ¿Lo que usted siente está conectado a una ocasión pasada? Tal vez sea una relación familiar o una percepción negativa existente desde su infancia. Cuando pueda asociar sus sentimientos y erupciones con cosas que sucedieron en su pasado, tendrá una forma más precisa de trabajar a través de esos sentimientos en el presente.

-• Permanezca vulnerable y mantenga la calma en el presente No importa cuán envidioso sea, hay continuamente un acercamiento para descubrir su camino de regreso a su verdadero ser y para apaciguar su punto de vista. Esto debería ser posible tolerando que es humano y manejando sus sentimientos con misericordia. Recuerde que el deseo y la tensión viajan en oleadas de todas las maneras posibles; se construirán paso a paso y se extinguirán después de algún tiempo.

Usted puede reconocer su envidia y reconocer sus sentimientos sin responder a ella. Aprende a utilizar dispositivos que le ayuden a superar sus celos sin sobrecompensarlos. Respirar con calma y dar largos paseos son sólo parte de las estrategias que le ayudarán a calmarse. Recuerde que es más fácil calmarse cuando no puede pararse o sintonizar con las palabras y pensamientos negativos que se originan de su crítica interna. Aprender los procedimientos para calmarse puede ser problemático; sin embargo, es un dispositivo teórico para ayudarle a lidiar con sus pensamientos esenciales.

-• **Deje de comportarse mal-** La voz interior que le hace chasquear y le lleva a arremeter contra su pareja y sus compañeros causa un daño a largo plazo en sus conexiones. Si usted permite que se salga de control y se atasque en una mirada de celos, puede incluso arruinar su relación. Esta es una forma de autosabotaje porque los celos te hacen atacar o castigar a alguien que usted quiere sin tener la culpa. Esto es particularmente cierto para los individuos en una relación. Cuando haces esto, estás haciendo lo mismo que normalmente temes. Puede terminar lastimando y socavando a su pareja, lo cual ignora la adoración que usted se hace a sí mismo. Esto intensificará sus sentimientos de duda y el miedo a ser abandonado. Puede que accidentalmente le inste a seguir su comportamiento, causando que usted se desanime, ocultando sus emociones o sus actividades para evitar sus dudas y celos.

-• **Encuentre la seguridad en usted mismo** - Enfocarse en uno mismo y encontrar su propio sentimiento de seguridad es lo mejor que puede lograr para los sentimientos de celos que desencadenan el nerviosismo. Puede que todavía no sea sencillo dar todos los pasos necesarios para calmar al experto que hay dentro de sí y persuadirse de que estará bien, independientemente de que eso implique estar sin nadie más es fundamental. El reconocimiento de que no necesita molestarse con un individuo explícito para adorarse completamente y con alegría es habilitante.

Los individuos suelen ser imperfectos y tienen restricciones, y comprender que un individuo no puede darle todo lo que necesita continuamente es significativo. En el momento en que practique la simpatía consigo mismo, podrá enfrentarse a la voz interior esencial y a sus pensamientos negativos. No tiene que cerrar a los individuos o desconectarse del mundo para tener la opción de ser comprensivo consigo mismo. Recuerde que lo principal que puede controlar en la vida es cómo responde a sus problemas.

-• **No deje de ser competitivo** - Ser agresivo no significa que decida ser el mejor en algo. Implica que usted puede establecer una meta sensata y declarar que está haciendo todo lo posible para tener la opción de alcanzarla. En el momento en que usted se enfoca en sí mismo, está captando todo lo que le ayudará a lograr sus metas de una manera positiva. Una vez que se haya concentrado en sí mismo, estará captando todo lo que le ayudará a lograr sus metas de una manera positiva. Una vez que se haya asociado con su identidad interna, tendrá la opción de encontrar una manera de acercarla a sus objetivos. La consideración se gana, no se ofrece de forma natural, y para ganarse esa consideración, debes ser caballeroso en tus actividades y ser consciente de las ramificaciones de esas actividades.

Además, si usted necesita sentirse adorado y reconocido de manera confiable por su pareja, usted debe apreciar y hacer que se sienta valorado en su relación también. Cuando usted es predecible en su necesidad de actuar con honestidad y de buscar efectivamente sus objetivos, usted puede ganar la lucha contra la tensión que es causada por la envidia y comenzar a ser usted mismo nuevamente. Alguien independiente de cualquier otra persona y novela.

-• **No evite de conversar sobre ello-** Cuando el deseo comienza a tomar el control, se vuelve significativo para usted el localizar al individuo adecuado para discutir sus sentimientos de una manera que sea lo suficientemente fuerte para que usted exprese precisamente cómo se siente. Estos individuos son los que refuerzan tus atributos positivos y te ayudan a no perder tu sentido de dirección en tus pensamientos negativos o a no caer en una espiral de deseo. Todos tienen compañeros que explotan o se agitan cuando se examinan ciertos temas, y no estamos diciendo que no deban ser sus compañeros.

Sin embargo, no son los individuos con los que usted debe conversar cuando se siente envidioso o al límite. Lo más probable es que estos individuos le hagan sentirse cada vez más a favor o en contra antes de que termine la discusión. Como resultado de esto, debe buscar individuos que no sólo le ayudarán, sino que también le ayudarán a pensar con sensatez sobre las circunstancias. En el momento en que se dirija a estos individuos, asegúrese de reconocer que sus reflexiones negativas no tienen sentido y que sus sentimientos no son correctos. Esto hace que usted alivie los sentimientos de deseo porque la carga de sonido le permite escuchar sus reflexiones ruidosas, ayudándole a cambiar sus actividades y cómo respondería. Si la excitación resulta ser un exceso de usted debería descubrir la ayuda de un especialista que pueda ayudarle a comprender cómo se siente, cómo tratar esas emociones y trabajar sobre los cimientos de dónde se originan sus sentimientos de envidia.

Vuelva a conectarse con su compañero;

Conéctese con su amante de manera consistente y a medida que su relación se desarrolla, usted y su compañero resultarán menos ansiosos por conocerse entre sí.

Reconecte la proximidad física; las asociaciones íntimas y apasionadas están fuertemente vinculadas, y deshacerse de una puede perjudicar a la otra. Realmente no debe tener tiempo extra para hacer esto. Sin embargo, asegurarse de que ambos tengan el tipo de conexión personal que necesitan es una forma de ampliar los vínculos de la pasión.

Practique la sintonía compasiva.

Conviértase en una persona fuerte.

Sintonice antes de hablar.

Ensaye la comunicación positiva, abierta y no verbal.

Trabajar con un terapeuta para superar su incomodidad y encontrar las respuestas correctas para facilitar sus manifestaciones y reenfocarse le ayudará a mejorar su relación. Una parte de las cosas que puede hacer en casa para ayudar a combatir su malestar es;

-• **Ejercicio** - Es imperativo ver cómo la actividad impacta tanto en el cuerpo como en la mente. El uso diario es esencial en la vida individual. En el momento en que practica regularmente, su cuenta libera endorfinas en su sistema circulatorio, lo que mejora su mentalidad. Además, su psique está ocupada por sus pensamientos inquietos. El ejercicio ha sido deductivo para ayudar a su estado de ánimo general y disminuir los signos de nerviosismo y tristeza. A medida que el ejercicio físico aumenta, también lo hace su ansiedad. Algunas de las actividades que deben preocuparle y que están explícitamente relacionadas con el alivio del estrés son el yoga y el judo.

A medida que usted estructura una práctica diaria con su actividad, su cuerpo comenzará a liberar serotonina y endorfinas antes, durante y después del ejercicio. Estos remedios proporcionados en la mente parecen disminuir fundamentalmente la melancolía y el malestar. El entrenamiento apoya la confianza, mejora la asertividad, le permite comenzar a sentirse comprometido y seguro, y hace que usted construya nuevas y fuertes conexiones sociales y compañerismo.

-• **Coma de manera saludable** - La mente requiere una enorme medida de vitalidad y sustento para trabajar eficazmente. Una nutrición saludable puede producir grandes cambios en su salud física. Una dieta terrible significa que no estás proporcionando los suplementos necesarios para que las sinapsis de su mente funcionen eficazmente. A la luz de esto, usted puede estar empeorando las manifestaciones de su nerviosismo. Al comer una dieta saludable y llenar su plato con alimentos nuevos e integrales, beber la cantidad perfecta de agua y asegurarse de que está recibiendo los nutrientes, minerales y grasas trans adecuadas día tras día, está dando a su cerebro el alimento adecuado para la capacidad y la lucha contra la ansiedad.

Una rutina de alimentación sólida también implica el cuidado del intestino y el tracto estomacal relacionado. Recuerde que una buena rutina de alimentación implica la eliminación de bebidas mejoradas como los tés helados, los refrescos y los jugos de los productos naturales preparados. Los estudios han demostrado que las personas que beben más de la cantidad máxima de refrescos al día tienen más de un 30% más de probabilidades de experimentar los efectos nocivos del nerviosismo y la melancolía que las personas que no lo hacen. Las bebidas no azucaradas, tales como el espresso simple, los tés cultivados en casa y el agua con productos orgánicos son una alternativa mucho más beneficiosa para mantener el cuerpo y el cerebro hidratados. La cafeína también apoya los efectos secundarios del estrés y debe ser restringida para combatir los síntomas de la cafeína.

Limite su consumo de alcohol - El licor es un depresor del sistema sensorial focal y es una razón conocida para el estrés, ya que todos sabemos que es muy perjudicial para nuestra salud. Algunas personas tratan de amortiguar los impactos de su nerviosismo bebiendo licor; sin embargo, en realidad, el licor es regularmente la base de su estrés. El licor interfiere con el descanso, seca el cuerpo y ocupa a un individuo con el manejo de los asuntos actuales en lugar de ir en contra de él y reconocer la raíz y la razón de su ansiedad.

-• **Descanse** - El descanso legítimo y eterno permite al cerebro ajustar los niveles hormonales y permite al individuo adaptarse más fácilmente a su ansiedad. La somnolencia desafortunada y las propensiones a la privación de sueño no tienen por qué molestarse con los compuestos sintéticos para ser modificados. Las terribles propensiones al descanso pueden ser rectificadas usando técnicas estándar que incluyen melatonina, tés, mezclas caseras, ejercicio y contemplación. En el momento en que esté seguro de que está obteniendo un descanso de alta calidad, su mente comenzará a tratar sus niveles hormonales.

-• **Empiece a tratar sus sentimientos**- Este libro cubre cómo lidiar con sus contemplaciones negativas y estados de ánimo en general, y ser inquieto milagra las hormonas del cuerpo y le da poder al cerebro para crear remedios para tratar de sentirse optimista. Al final, el cerebro se agota y no puede entregar las hormonas que se espera que combatan la enfermedad y la tensión. Preparando su psique para considerar la reflexión de manera enfática y cuidadosa, puede cambiar su reconocimiento de lo que está sucediendo y empezar a asumir la responsabilidad de sus consideraciones negativas.

Al luchar y silenciar sus propias contemplaciones negativas, puede trabajar a través de su nerviosismo, asegurándose de que está mejor preparado para recuperarse en su relación. Asegúrese de probar todos los tipos de confirmación positiva, incluyendo la presentación de excusas, la apreciación de su vida y la consideración de los demás. En el momento en que usted se vuelve más positivo, el malestar comienza a disminuir y usted es más capaz de hablar con su pareja sin comportamientos negativos. Recuérdese continuamente que usted es responsable de su propia vida. Si hay circunstancias que están causando que su estrés explote, usted puede transformarlas.

-• **Reduzca su presión** - El estrés crea un nerviosismo más alto que nunca y desencadena la reacción de batalla o huida del cuerpo. Aprendiendo técnicas para manejar la presión y el control, enfocándose en los factores que permiten a su cuerpo lidiar con sus reacciones normales a lo que usted considera un riesgo. Al aprender técnicas, usted será capaz de manejar una presión inmensa. Distinguir lo que le preocupa le permite eliminar la presión o crear metodologías que le ayuden a manejar su presión. Probar los sistemas de desenvolvimiento, posponer el esfuerzo de revivir y apreciar la vida son grandes enfoques para aflojar la mente y permitir que el nerviosismo disminuya. Sea flexible para estresarse y darse cuenta de que, de vez en cuando, tiene una sobrecarga de poder.

-• **Pida ayuda** - Contar con un apoyo decente mientras se trabaja para superar el estrés es fundamental para la recuperación. La incomodidad puede hacer que un individuo necesite separarse; sin embargo, una estructura de apoyo decente significa que usted tendrá constantemente alguien con quien conectarse cuando la tensión disminuya. Asegúrese de mantener un contacto excelente y de calidad con sus seres queridos, que lo hagan sentir como usted mismo. Haga lo que sea necesario para no involucrarse con el pesimismo de otras personas. Trate de ofrecerse como voluntario para aumentar su perspectiva de la vida y asociarse con otras personas que tengan problemas de bienestar emocional. En la remota posibilidad de que no esté todavía en el punto en el que necesita ver a un consejero, intente unirse a un grupo de apoyo.

-• **Encuentre su motivación** - Las personas que tienen un sentimiento sólido de su motivación pueden lidiar con la presión y el nerviosismo superiores a los de los individuos que no lo tienen. Encontrar su motivación le da un límite contra los impedimentos que su experto interno le señala. Aquellos con un sólido sentimiento de dirección descubrirán, en general, la vida de manera más satisfactoria y podrán ver las cualidades positivas en cada circunstancia en lugar de estresarse por lo terrible que puede ocurrir. Su motivación no tiene por qué ser una vocación o una actividad de ocio; encontrar su mundo, invertir energía considerando cuáles son sus cualidades, ser voluntario en asociaciones de cobertura o de no beneficio, reconocer y utilizar sus dones únicos para ayudar a otras personas y reconocer que la vida se trata de movimientos rítmicos son en su mayor parte métodos para encontrar su motivación. En el momento en que descubras su motivación, podrá ser fuerte y justo consigo mismo, lo que le permitirá ser directo con su amante también.

El uso de algunos o todos los métodos anteriores es la manera de superar el nerviosismo en su relación. Lidiar con su estrés no se trata sólo de buscar tratamiento. Se trata de encontrar respuestas para lidiar con sus grados de incomodidad de una manera que funcione para usted y eventualmente para su pareja. Al entender que su amante no es su consejero y al asumir la responsabilidad de su estrés, usted estará mejor preparado para trabajar a través de los temas centrales que han hecho su nerviosismo en cualquier caso.

En el momento en que usted comprende estos temas centrales, usted comienza a asumir la responsabilidad de su vida nuevamente trabajando a través de sus reflexiones básicas e irrazonables y suplantándolas con contemplaciones y actividades positivas. Aunque la tensión nunca puede ser aliviada, incuestionablemente se puede hacer que tenga que ver con los procedimientos y los cambios de la forma de vida. El fortalecimiento le anima a asumir de nuevo la responsabilidad de su vida y a mejorar su relación. En la remota posibilidad de que usted esté involucrado con alguien que experimente nerviosismo, creemos que este libro le puede ayudar a mejorar su vida y a que se sienta más seguro de sí mismo. Para los individuos que están soportando el estrés, el fortalecimiento les anima a asumir de nuevo la responsabilidad de su vida y a mejorar su relación. Así, asumiendo la responsabilidad de su tensión y eligiendo trabajar a través de ella, utilizando unos pocos o la totalidad de los procedimientos en este libro le permitirá hacer a medida su aventura en la recuperación de sí mismo y de su relación.

Conclusión

La ansiedad puede hacerle sentir como otro individuo en la relación, un elemento irritante que se interpone entre usted y su amante. El estrés parece perpetuar la incertidumbre y el desorden en la relación todo el tiempo. Sin embargo, nadie está preparado para esto en una relación y no puede elegir a quien ama, y no hay clases que pueda tomar para prepararse más fácilmente para adorar a alguien con un problema de bienestar psicológico. Sin embargo, ese nerviosismo no tiene por qué destruir o poner peso en una relación. Cuando un individuo descubre cómo obtener tensión y cómo puede influir en los dos compañeros y en la relación en general, la relación puede recuperarse, permitiendo que los dos compañeros interactúen más profundamente en un nivel apasionado. Independientemente de si le cuenta a su pareja que está experimentando los efectos dañinos del nerviosismo, o si obtiene alguna comprensión de su estrés, la forma en que se examina el tema puede representar el momento de la verdad en una relación. Los individuos que experimentan los efectos nocivos del nerviosismo invierten gran parte de su energía en estresarse y en anticipar situaciones en las que todo, sin excepción, podría salir mal.

Los individuos que experimentan los efectos nocivos del nerviosismo invierten gran parte de su energía en estresar y prever situaciones en las que todo, sin excepción, puede salir mal. Examinan en exceso sus conexiones, planteando preguntas negativas y permitiendo que las respuestas reflejen resultados terribles. Aunque es típico que los individuos tengan este tipo de consideraciones y preguntas de vez en cuando, el nerviosismo las intensifica. Aquellos que tienen un problema de tensión consideran estas preguntas regularmente y con poder. Los individuos con ansiedad visualizan el resultado más sucio imaginable, permitiendo que sus psiques asuman el control sobre su sólido punto de vista. Las reflexiones sobre los límites en ese punto causan manifestaciones fisiológicas en el cuerpo. La ansiedad no sólo influye en el individuo que la experimenta. Puede poner la ansiedad en su cómplice y puede pulverizar una relación.

La tensión no tiene por qué poner en riesgo su relación. En el momento en que usted supere sus sentimientos y utilice los sistemas de afrontamiento adecuados, podrá tener una relación saludable. Estos sistemas de afrontamiento evitarán que la incomodidad también cause ansiedad en su relación. El deber de asumir la responsabilidad de sus sentimientos recae sobre usted como el que sufre de incomodidad. Ver a un especialista que pueda mostrarle métodos sólidos para lidiar con el estrés mejorará su satisfacción tanto dentro como fuera de su relación. Si usted está en una relación de largo plazo y tenue, puede considerar dirigirse a un par de sesiones de pareja para trabajar los nervios de su relación.

En el momento en que usted tiene pensamientos negativos, la ansiedad toma medidas para aplastarle y les hace llorar que su vida está cargada de desgracias. Sea como sea, el hecho de que se trate de sus propias reflexiones negativas hace que usted sea la causa de todos sus problemas. En el momento en que se permite disfrutar de los pensamientos negativos, cae en la trampa. Usted tiene que volver a ser cada vez más consciente y escuchar las palabras como usted las expresa a sí mismo para tamizar a través del pesimismo.

Cuando usted pueda percibir las palabras y pensamientos negativos, podrá detenerse y contrarrestarlos con mensajes positivos o electivos. Al estar seguro y esperanzado, puede transformar el antagonismo en verdad, no en miedo.

El hecho de que las cosas no hayan resultado en conexiones diferentes o que usted se haya frustrado en el pasado no implica que no sean diversas esta vez. El pesimismo no tiene por qué ser algo con lo que se atormente hasta el final de los tiempos.

Otro tema que se deriva de la baja confianza y el nerviosismo es el deseo. El deseo puede tomar el control de su vida. A menudo puede destruir conexiones y difundir una idea negativa. En el momento en que usted permite que la envidia lo abrume o que moldee la forma en que piensa acerca de usted o de su pareja, puede estar interrumpiendo su relación. Al tratar de entender dónde se originan sus sentimientos de envidia, averiguar cómo lidiar con ellos y descubrir enfoques para ajustarse a sus sentimientos, usted está permitiendo que su relación prospere. Los individuos que experimentan los efectos negativos de la inquietud saben acerca de estos peligrosos reflejos que su psique está experimentando, sin embargo la envidia comienza a ser enmarcada cuando estos pensamientos comienzan a volverse fanáticos.

El principal problema surge cuando los que están inquietos, en general, se retiran tratando de protegerse del riesgo o tormento anticipado que creen que está ocurriendo. Sea como fuere, cuanto más se retira, más se retira su cómplice y más envidia se siente. Al deshacerse efectivamente de su nerviosismo y sus celos, usted está haciendo de su relación una necesidad y decidiendo amar y cerrar con su pareja en lugar de estar dispuesto y no ser digno de confianza. En el momento en que usted elige luchar contra el deseo, usted le está diciendo intencionalmente a su pareja que tiene una sensación de seguridad y confianza en usted mismo y en ellos para poner su confianza en su relación.

Las señales más conocidas de una relación en una situación difícil son las diferencias entre las parejas o las peleas entre ellas y la forma en que resuelven la disputa entre ellas. Sus objetivos, ya sean negativos o positivos, pueden influir en el tono de la relación y en la forma en que se resuelven los conflictos más adelante. Las contradicciones que se convierten en pequeñas disputas o enfrentamientos constantes suelen terminar en una posibilidad más incierta de que la relación perdure. Afortunadamente, existen acuerdos, y la resolución de conflictos puede ser moderadamente simple con la ayuda de un especialista.

Dado que los individuos que experimentan los efectos negativos del estrés son comúnmente egocéntricos, en general, contendrán tales que se vuelven como ellos mismos. En el momento en que el individuo practica la sintonía y la correspondencia compasiva, se asegura de que su cómplice se dé cuenta de que está siendo sintonizado. Mientras se construye una proclamación de compasión, uno debe usar, "Así que sientes que..." Esto mantiene el énfasis en su cómplice y lejos de sus sentimientos de inquietud. En el momento en que los dos cómplices usan este sistema para escuchar con cautela las necesidades apasionadas de su compañero de vida, se mantienen alejados de la lucha y abordan los temas más profundos que están a su alcance.

Un grado específico de ansiedad es algo que hay que agradecer e indagar muestra que una gran presión puede inspirar y dar energía a un individuo en su vida. El nerviosismo puede ser sólo la señal de advertencia. Usted tiene que llevar la atención a su circunstancia actual y poner en marcha algunas mejoras importantes a lo largo de su vida. El estrés y la ansiedad constantes pueden ser una señal de que algunas partes de su vida se han desviado del camino y necesitan ser alteradas. Aunque sus indicaciones de nerviosismo pueden ser difíciles de supervisar, si deja de lado algún esfuerzo de investigación y se esfuerza por adaptarse a su intranquilidad, puede ser una verdadera puerta abierta para el autodesarrollo. Siempre que la tensión golpee, piense en el mensaje que tiene para usted y en los cambios potenciales que puede necesitar hacer en su vida. A diferencia de ser vista continuamente como una obstrucción, la tensión puede ayudarle a sentirse progresivamente inspirado y organizado cuando se ve con dificultades.

La ansiedad no tiene por qué controlar su vida o arruinar su relación. Se puede utilizar muy bien para convertirse en una persona más fuerte y respetada. Un carácter fuerte no significa que tenga que ser bullicioso, temeroso o autoritario para mostrar su carácter. También es concebible tener un carácter fuerte con una certeza tranquila. La inquietud tiene sus circunstancias favorables. Envía una señal al cuerpo de que algo es significativo o podría representar un peligro para ti. Al sentirse incómodo con los zapatos de su compañero de trabajo, que le importan a un nivel más profundo, si no se encontrara con la inquietud, lo más probable es que, en algún momento, se diera cuenta de que no le importaban tanto como sospechaba que le importaban a su compañero de trabajo.

Sin embargo, la tensión intensa debe ser abolida, particularmente si es probable que usted siga adelante en una asociación importante con su cómplice. Aunque el nerviosismo no puede ser aliviado, incuestionablemente puede ser controlado, y usted, como la persona que sufre de estrés, tiene la decisión de involucrarse o no en su propio comportamiento negativo. El nerviosismo crea inspiración, razón y satisfacción en un grado limitado. Ciertamente, estamos de acuerdo en que puede ser aterrador, pero en la práctica, el nerviosismo puede caracterizar regiones de nuestras vidas que tenemos que investigar. Nos impulsa a poner en marcha las mejoras que necesitamos para seguir viviendo una vida más feliz y alegre.

Palabras finales

Gracias de nuevo por comprar este libro.

Realmente esperamos que este libro sea capaz de ayudarle.

El siguiente paso es que se inscriba en nuestro boletín de noticias por correo electrónico para recibir actualizaciones sobre los próximos lanzamientos de nuevos libros o promociones. Puede inscribirse gratuitamente y como bono, también recibirá nuestro libro "7 Errores de ejercicio que no sabe que está cometiendo". Este libro de bonificación desglosa muchos de los errores más comunes en el campo del fitness y desmitificará muchas de las complejidades y la ciencia de ponerse en forma. El hecho de tener todo este conocimiento y ciencia del fitness organizado en un libro que se puede poner en práctica le ayudará a comenzar en la dirección correcta en su viaje de fitness. Para unirse a nuestro boletín de noticias por correo electrónico gratuito y obtener su libro gratuito, por favor visite el enlace y regístrese: www.effingopublishing.com/gift

Por último, si le ha gustado este libro, entonces nos gustaría pedirle un favor, ¿sería tan amable de dejar una reseña para este libro? Gracias y buena suerte en su viaje.

Acerca de los coautores

Nuestro nombre es Alex y George Kaplo; ambos somos entrenadores personales certificados de Montreal, Canadá. Empezaremos diciendo que no somos los tipos más grandes que conocerá y que este nunca ha sido nuestro objetivo. De hecho, empezamos a trabajar para superar nuestra mayor inseguridad cuando éramos más jóvenes, que era nuestra autoconfianza. Puede que esté pasando por algunos retos ahora mismo, o puede que simplemente quiera ponerse en forma, y sin duda podemos relacionarnos.

Para nosotros, siempre nos interesó el mundo de la salud y el bienestar físico y queríamos ganar algo de músculo debido a las numerosas intimidaciones que sufrimos en nuestra adolescencia. Nos imaginamos que podemos hacer algo con respecto al aspecto de nuestro cuerpo. Este fue el comienzo de nuestro viaje de transformación. No teníamos ni idea de por dónde empezar. Nos preocupamos y temimos a veces que otras personas se burlaran de nosotros por hacer los ejercicios de manera incorrecta. Siempre deseábamos tener un amigo que nos guiara y que pudiera mostrarnos las cuerdas.

Después de mucho trabajo, estudio e innumerables ensayos y errores. Algunas personas empezaron a notar cómo nos poníamos en forma y cómo empezábamos a formar un interés entusiasta en el tema. Esto hizo que muchos amigos y caras nuevas se acercaran a nosotros y nos pidieran consejos sobre el acondicionamiento físico. Al principio, parecía extraño cuando la gente nos pedía que les ayudáramos a ponerse en forma. Pero lo que nos hizo seguir adelante fue cuando empezaron a ver cambios en su propio cuerpo y nos dijeron que era la primera vez que veían resultados reales. A partir de ahí, más gente siguió viniendo a nosotros, y nos hizo darnos cuenta de que después de tanto leer y estudiar en este campo, nos ayudaba, pero también nos permitía ayudar a los demás. Hasta ahora, hemos entrenado a numerosos clientes que han logrado algunos resultados bastante sorprendentes.

Hoy en día, ambos somos dueños y operamos este negocio editorial, donde traemos a autores apasionados y expertos para que escriban sobre temas relacionados con la salud y el acondicionamiento físico. También tenemos un negocio de fitness en línea y nos encantaría conectarnos con usted invitándole a visitar el sitio web en la página siguiente y suscribiéndose a nuestro boletín de noticias por correo electrónico (incluso recibirá un libro gratuito).

Por último, si está en la posición en la que estuvimos una vez y quiere algo de orientación, no dude en preguntar... ¡estaremos allí para ayudarle!

Sus entrenadores,

Alex y George Kaplo

Descargar otro libro gratis

Queremos agradecerle por la compra de este libro y ofrecerle otro libro (tan largo y valioso como este libro), "Errores en la salud y el acondicionamiento físico que no sabe que está cometiendo", completamente gratis.

Visite el siguiente enlace para inscribirse y recibirlo:

www.effingopublishing.com/gift

En este libro, desglosaremos los errores más comunes en materia de salud y fitness, que probablemente esté cometiendo ahora mismo, y revelaremos cómo puede ponerse fácilmente en la mejor forma de su vida.

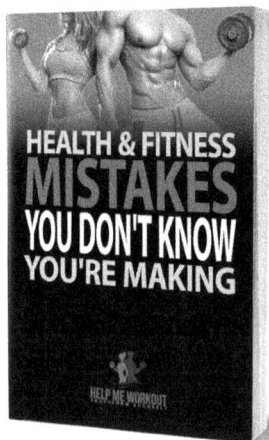

Además de este valioso regalo, usted también tendrá la oportunidad de recibir nuestros nuevos libros gratis, participar en sorteos y recibir otros valiosos correos electrónicos de nuestra parte. De nuevo, visite el enlace para registrarse:

www.effingopublishing.com/gift

123

EFFINGO
Publishing

Para más libros visite:

EffingoPublishing.com

www.ingramcontent.com/pod-product-compliance
Lightning Source LLC
Chambersburg PA
CBHW050736030426
42336CB00012B/1603